국어도 풀고, **사회**도 풀고, **과학**도 풀고

"잠깐만요, 답 쓰게 답 좀 다시 불러주세요."

 새롭게 바뀐 교육과정에서는 토론식 교육을 강조하지만, 우리의 아이들은 여전히 손을 들고 발표하기보다는 엄마가 검사하는 학습지의 답안을 메꾸기에 급급해 하고 있습니다. 똑같은 학습지에 똑같은 답안들이 적혀 나갑니다.

 한 가지 문제에는 한 가지 답, 한 가지 생각만 있는 게 아닙니다. 한 가지 문제에도 백 가지 대답을 생각하는 아이, 창의적 발상과 깊이 있는 사고를 가진 아이, 그 아이가 바로 21세기가 원하는 인재입니다.

 단답형과 객관식은 이제 구시대의 유물이 되어 버렸습니다.

 '왜 그래야만 하지?' '이렇게 해 보면 어떨까?'

 남들이 하지 않는 생각, 최초로 시도하는 새로운 생각들이 백 가지 답을 생각해내는 창의적인 아이로 자라게 합니다.

 쓰지 않아도 좋습니다. 생각이 너무 많아 적을 수 없다면 생각을 발표하고 기억하는 것으로도 충분합니다. 생각이 확실하고 쑥쑥 자라고 있다면야 그저 몇 자 적어 넣는 것쯤 거른다고 대수겠습니까?

 종교 재판에 회부되면서까지 지구가 돈다고 주장했던 갈릴레오나 바다 끝에는 지옥이 아니라 신대륙이 있다고 믿은 콜롬버스, 이들은 모두 남들이 하지 못하는 생각을 해냄으로서 시대를 앞서 나갈 수 있었고 선각자의 이름으로 영원히 역사에 기록될 수 있었습니다.

 슬기롭게 자라날 우리 아이들을 생각하며, 2학기용으로 새롭게 구성한 4호를 내놓습니다. 계속적인 관심과 성원을 부탁드립니다.

지은이 | **서울대 국어교육학 박사 박학천**

· 국어 사회 과학 + 독서 논술 토론 통합 프로그램입니다.
· 쉽고 부담 없는 자료를 편하게 따라만 가면 저절로 사고력, 독해력, 이해력이 자라는 검증된 프로그램입니다.

단원별 학습 목표 및 구성

week 01
발상사고혁명

실질적인 〈발상·사고〉 훈련
- 고정 관념을 깨고, 개성적인 사고를 기릅니다.
- 스스로 질문하고 비판하는 시각과 자세를 기릅니다.

week 02
교과서 논술 01

〈국어 능력〉 심화 학습
- 국어 교과서 선행 학습으로 단원의 핵심을 이해합니다.
- 수행평가, 논술형 문항으로 국어과 학습 능력을 키웁니다.

※ 교과서 활용 : 『말하기·듣기』 / 『읽기』

week 03
독서 클리닉

실질적인 〈읽기 능력〉 향상 훈련
- 억지로 읽기보다는 읽는 맛과 재미를 알려 줍니다.
- 비판적 읽기, 개성적 읽기로 글을 보는 안목을 키웁니다.

week 04
교과서 논술 02

〈국어 능력〉 심화 학습
- 국어 교과서 선행 학습으로 단원의 핵심을 이해합니다.
- 수행평가, 논술형 문항으로 국어과 학습 능력을 키웁니다.

※ 교과서 활용 : 『말하기·듣기』 / 『읽기』

······················· 병아리도 날 수 있다!

week 05
영재 클리닉 01

사회 교과서를 활용한 영재 심화 학습
- 통합 교과 시대를 대비, 사회과 학습 테마를 논술로 연결시켜 쉽고 재미있게 초중고 학습 과정의 주요 주제와 쟁점을 알려 줍니다.

  ※ 교과서 활용 : 『바른 생활』/ 『사회』

week 06
교과서 논술 03

〈국어 능력〉 심화 학습
- 국어 교과서 선행 학습으로 단원의 핵심을 이해합니다.
- 수행평가, 논술형 문항으로 국어과 학습 능력을 키웁니다.

  ※ 교과서 활용 : 『말하기·듣기』/ 『읽기』

week 07
영재 클리닉 02

과학 교과서를 활용한 영재 심화 학습
- 통합 교과 시대를 대비, 과학과 학습 테마를 논술로 연결시켜 쉽고 재미있게 초중고 학습 과정의 주요 주제와 쟁점을 알려 줍니다.

  ※ 교과서 활용 : 『슬기로운 생활』/ 『과학』

week 08
논술 클리닉

『쓰기』 교과서를 활용한 논술 훈련!
- 쓰기 교과서로 쓰기 학습 능력을 키운 후, 생활문에서 본격 논술까지 자신 있게 자신의 견해를 글로 표현하도록 유도합니다.

  ※ 교과서 활용 : 『쓰기』

차례

발상사고혁명	달라도 친해요!	05
교과서 논술 01	상상의 날개를 펴요 01	15
독서 클리닉	콩쥐야 팥쥐야 울지 매	25
교과서 논술 02	상상의 날개를 펴요 02	35
영재 클리닉 01	지킬 것은 지킨다	45
교과서 논술 03	이렇게 하면 좋겠어요	53
영재 클리닉 02	뚝딱뚝딱 여러 가지 도구	61
논술 클리닉	상상은 요술쟁이	71

책 속의 책 | **GUIDE & 가능한 답변들**

달라도 친해요!

그림을 보고 알 수 있는 세 어린이의 다른 점은 무엇인가요?

상대적 사고를 하자

01 나는 왜 꼬리가 없지?
02 동물들은 왜 옷을 안 입지?
03 나라마다 말이 달라요
04 다르게 보여요
05 생각이 달라요
06 내 친구 윤상이!

새롭게 생각해요

네 손가락 피아니스트

상대적 사고를 하자
달라도 친해요!

01 나는 왜 꼬리가 없지?

1 많은 동물에게는 꼬리가 있는데 사람은 왜 꼬리가 없을까요?

---

2 만약 사람에게 꼬리가 있다면 어떤 좋은 점과 어떤 불편한 점이 있을까요?

좋은 점	나쁜 점

02 동물들은 왜 옷을 안 입지?

1 동물들에게 옷을 입히려고 했더니 여러 가지 문제가 생겼어요. 고슴도치와 코끼리가 옷을 입으면 어떤 문제가 생길까요?

2 동물들이 옷을 입지 않고 살 수 있는 이유는 무엇일까요?

03 나라마다 말이 달라요

1 말이 통하지 않는 외국 친구들과는 어떻게 이야기를 할까요?

04 다르게 보여요

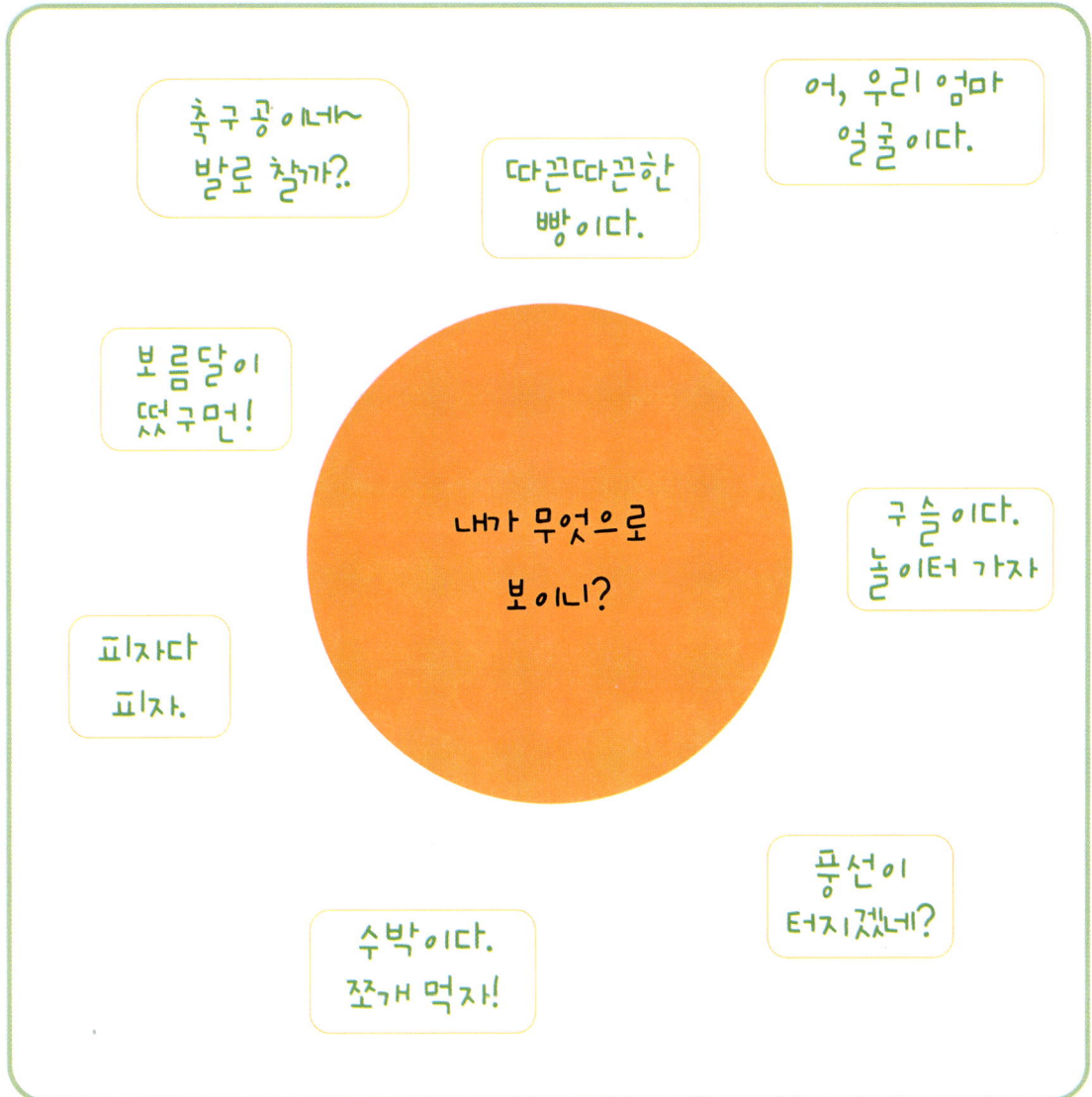

1 배고픈 사람이 동그라미를 보고 떠올린 것은 무엇일까요?

_____

2 동그라미를 보고 무엇이 떠올랐는지 써 보세요.

_____

05 생각이 달라요

　나는 잘 생긴 노란 레몬. 사람들은 나를 보고 꼭 한 마디씩 하지. 나를 보고 멋진 음악을 만들고 싶다고 말하는 사람은 음악가. 내가 비타민 덩어리라고 말하는 사람은 의사. 나를 생선에 뿌리겠다고 하는 사람은 어머니들이 많지.

　그리고 아이들은 날 먹을 생각만 한다니까. 나의 멋진 색을 알아주는 사람은 역시 화가 아저씨 뿐이야. 사람들은 나를 보고 정말 여러 생각을 떠올린단 말야. 참 재밌지 뭐야.

1 똑같은 레몬을 보고 사람들은 다 다른 생각을 했어요. 사람들이 어떤 생각을 했는지 써 보세요.

음악가	의사
엄마와 딸	화가

2 여러분이 만일 가게에 놓여 있는 레몬 한 개를 봤다면 어떤 생각을 했을까요?

06 내 친구 윤상이!

　내 친구 윤상이는 축구를 좋아하는 멋진 친구입니다. 종이접기를 잘 못하고 김치를 싫어하지만, 그래도 열심히 종이접기를 하고 김치도 먹으려고 노력합니다.

　윤상이는 한쪽 팔이 아주 짧고 짧은 팔에 손가락이 한 개 달려 있습니다. 우리 반 친구들이 윤상이를 처음 봤을 때는 윤상이의 팔과 손 때문에 놀랐습니다. 그렇지만 지금은 윤상이의 팔이 우리와 다르다는 것이 조금도 이상하지 않습니다.

　윤상이는 만들기 시간에 우리들보다 조금 느리게 만들 뿐이고, 축구를 하다가 공이 다른 곳으로 갔을 때 줍지 못할 뿐입니다. 윤상이는 작은 손가락 한 개를 아주 사랑합니다. 씻고 나서는 작은 손가락에 로션을 꼭 발라 준다고 합니다. 나도 윤상이의 작은 손가락이 참 귀엽습니다.

1 윤상이네 반 친구들이 처음에 윤상이를 보고 놀란 이유는 무엇인가요?

2 여러분은 윤상이가 어떤 아이라고 생각하나요?

새롭게 생각해요! 네 손가락 피아니스트

희아는 피아니스트입니다. 희아의 손가락은 양손을 모두 합쳐 네 개 뿐입니다. 다리도 남들보다 짧지요. 희아는 6살 때부터 피아노를 쳤습니다. 손가락 힘이 약해 소리를 내기까지 3개월이나 걸렸습니다.

배울수록 어려운 피아노 때문에 힘들어 할 때 희아에게 용기를 주는 일이 생겼습니다. 오른손을 쓰지 못해 왼손만으로 피아노를 치는 라울 소사의 연주회를 본 것입니다. 소사의 모습을 보고 용기를 얻은 희아는 하루도 거르지 않고 열 시간씩 연습하여 전국대회에서 최우수상을 탔습니다.

희아는 피아노를 칠 수 있다는 것이 너무나 기쁘고 감사합니다. 희아는 자신의 피아노 소리를 듣고 사람들이 행복하기를 바랍니다. 그래서 앞으로도 계속 피아노를 칠 것입니다.

1 희아가 다른 피아니스트들과 다른 점은 무엇인가요?

'안녕'이 다 달라요

"살람!"
은 아프가니스탄의 '안녕'

"후이데 모르헨!"
은 풍차가 많은 나라 네덜란드의 '안녕'

"아가 푸!"
는 아프리카 말리의 '안녕'

"밍갈라바!"
는 목에 금빛 고리를 두르는 피동족들이 사는 미얀마 밀림지대의 '안녕'

"니하오!"
는 중국의 '안녕'

"올라!"
는 티티카카 호수가 있는 페루의 '안녕'

"나마스테!"
는 히말라야 고산지대에 위치한 네팔의 '안녕'

말하기 · 듣기 · 읽기 – 첫째마당 (1) 보고 듣고 느끼고

상상의 날개를 펴요 01

내 눈으로 보는 교과서

01 재미있게 읽어요

02 이야기를 만들어요

03 시를 읽고 느껴요

뛰어넘자 교과서

부룽이의 갈귀

교과서 논술 plus

홀리의 조각배

 **01 재미있게 읽어요**

말하기 듣기 6~7쪽 | 학습 목표 : 재미있게 읽은 이야기를 정리할 수 있다.

1 영미가 읽은 이야기가 어떤 이야기인지 정리해서 써 보세요.

___

___

2 달리기 경주에서 콩나물과 감자 중에 누가 이겼을까요? 그 이유도 써 보세요.

누구	이유

오래된 의자

두실이라는 소년에게는 오래된 의자가 있어요. 두실이는 그 의자에 앉아서 생각도 하고 책도 읽고 때로는 울기도 했어요. 의자는 늘 말이 없었지만 두실이에게는 편안한 친구였어요. 그런데 의자가 너무 오래 되어서 다리가 부러지고 말았어요.

아버지께서 다리를 고쳐 주셨지만 예전처럼 앉을 수는 없었어요. 약해진 의자 때문에 속상해 하는 두실이를 위해 아버지께서 작은 꽃 화분을 사 오셨어요. 그리고 아버지께서 꽃 화분은 작으니까 의자에 올려놓으면 될 거라고 말씀하셨어요.

두실이는 의자 위에 꽃 화분을 올려놓고 그 앞에 앉아 의자에게 꽃 화분을 소개시켜 주었어요. 그렇게 꽃 화분과 의자는 친구가 되었고 두실이는 날마다 와서 꽃에 물을 주고 의자에 묻은 먼지를 닦아 주었어요.

1 오래된 의자는 다리가 부러진 뒤에 어떻게 되었나요?

02 이야기를 만들어요

말하기 듣기 8~11쪽 | 학습 목표 : 그림을 보고 이야기를 꾸며 볼 수 있다.

개미의 여행

1 호기심 많은 개미들에게 일어난 일을 순서대로 번호를 쓰세요.

① 개미들은 밧줄을 타고 올라갔어요.
② 먹이를 찾아 나선 개미들이 밧줄을 발견했어요.
③ 거미를 본 개미들이 소리를 질렀어요.
④ 밧줄을 타고 올라가면 맛있는 것이 있을 거라고 생각했어요.
⑤ 밧줄을 타고 올라갔더니 커다란 거미가 보였어요.

1 소년이 만든 '종이비행기'는 무엇으로 만든 것인가요?

---

2 뒤에 벌어질 일을 상상해서 쓰거나 그림으로 그려 보세요.

03 시를 읽고 느껴요

읽기 6~7쪽 | 학습 목표 : 시를 읽고 느낀점을 말할 수 있다.

매미

숨죽여 살금살금
나무에 다가가서

한 손을 쭈욱 뻗어
잽싸게 덮쳤는데

손 안에 남아 있는 건
매암매암 울음뿐.

1 소년이 '매미'를 잡으려고 살금살금 다가갈 때 소년과 매미가 무슨 생각을 했을까요?

소년의 마음:

매미의 마음:

2 '매미'를 읽고 느낀 점을 써 보세요.

가긴 어딜 가?

문삼석

화가 난 호랑이가
선인장을 뻥 찼대.

그런데 선인장이
보이지 않는 거야.

어디로 갔는지
누가 아느냐고?

가긴 어딜 가?

걷어찬 발등에
코옥! 박혔겠지.

– 『아주 특별한 동시』 중에서 –

1 위 시를 읽고 떠오르는 장면을 써 보세요.

2 이 시를 읽고 느낀 점을 써 보세요.

뛰어넘자 교과서 | 부릉이의 갈귀

사자의 갈귀를 부러워 하는 부릉이

부릉이는 욕실에서 사자의 갈귀를 닮은 물건을 발견했어요.

좀 작았지만 힘을 주어 집어 넣었지요.

파란 갈귀를 달고 의젓한 모습으로 사자 뒤에 서 있는 부릉이에게 무슨일이 생길까요?

1 사자 뒤에 서 있던 부릉이가 그 후에 어떻게 되었을지 상상해서 써 보세요.

_____

_____

_____

교과서 논술 plus | 홀리의 조각배

내 조각배가 물에 안 들어가려고 해요.
"조각배야, 왜 물에 안 들어가니?"
내가 물었어요.
"무서워하지 말아, 조각배야.
넌 할 수 있어. 흘러가 봐!"
"맞아!"
내 조각배가 말했어요.
"난 할 수 있어!"
"난 할 수 있어!"
내 배는 멀리멀리 흘러가 버렸어요.
배를 새로 사야겠네요.

- 『행복한 하하호호 가족』 중에서 -

1 배를 떠나보낸 홀리의 마음을 한 낱말로 표현해 보세요.

할머니가 오셨어요.
할머니 향수 냄새는
꽃 냄새 같아요.

아주
아주
진한!
꽃 냄새예요!

"할머니, 무슨 소리가 안 들리세요? 누가 나를 부르는 것 같아요! 잘 안 들리는데, 창문 좀 열어 주세요. 활짝 활짝 열어 주세요!"

- 『행복한 하하호호 가족』 중에서 -

콩쥐 팥쥐 - 입장 바꿔 읽기

콩쥐야 팥쥐야 울지 마!

독서클리닉

아이들이 서로 콩쥐 역을 맡고 싶어하는 이유는 무엇일까요?

입장바꿔읽어요
01 콩쥐야 팥쥐야
02 콩쥐의 꽃신
03 팥쥐의 일기
04 콩쥐를 도와 준 동물들

한걸음 더
달라진 콩쥐 팥쥐

입장바꿔 읽어요! 콩쥐야 팥쥐야 울지 매!

01 콩쥐야 팥쥐야

옛날 어떤 마을에 콩쥐가 살았어요. 콩쥐의 엄마는 일찍 돌아가셔서 새엄마가 들어왔는데, 새엄마에게는 팥쥐라는 딸이 있었어요.

"오늘은 둘이서 호미로 밭을 매거라."

새엄마는 콩쥐에게 나무 호미를 주고, 팥쥐에게는 쇠호미를 주었어요. 콩쥐가 밭을 매고 있는데 나무 호미가 뚝 부러져 버렸어요. 콩쥐는 너무 슬퍼서 엉엉 울었어요. 그 때 하늘에서 암소가 내려왔어요.

"콩쥐야, 울지 마. 내가 도와 줄게."

암소는 금방 밭을 다 매 주었어요. 새엄마는 다 매 놓은 밭을 보고 깜짝 놀랐어요.

그리고 어느 날 새엄마가 콩쥐에게 빈 독에 물을 가득 채우라고 시켰는데 구멍난 독이었어요. 어찌할 바를 몰라 울고 있는 콩쥐 앞에 두꺼비가 나타났어요.

"콩쥐야, 울지 마. 내가 도와 줄게."

두꺼비가 독 밑바닥에 납작 엎드려 구멍을 막아 주었어요. 그러자 찰랑찰랑 물이 찼어요. 집에 돌아온 새엄마는 또 깜짝 놀랐어요.

1 콩쥐와 새엄마의 성격을 써 보세요.

콩쥐	새엄마

2 콩쥐는 새엄마가 내준 어려운 일들을 어떻게 해결했나요?

_____

_____

3 새엄마가 내준 어려운 일들을 해결한 후 '새엄마'와 '콩쥐'가 각각 어떤 생각을 했을지 상상해서 써 보세요.

새엄마 : _____

콩쥐 : _____

02 콩쥐의 꽃신

　콩쥐에게는 벼 석 섬을 다 찧고 오라고 하고 새엄마와 팥쥐는 잔치집에 갔어요.
　속상한 콩쥐가 눈물을 흘리고 있자, 하늘에서 수많은 참새가 날아와 빠르게 껍질을 다 벗겼어요.
　"콩쥐야, 너도 얼른 잔치집에 가 보렴."
　"그런데 잔치집에 입고 갈 옷이 없어."
　그 말을 들은 쥐들이 예쁜 옷과 꽃신을 물고 왔어요.
　"콩쥐야, 이것들을 입고 빨리 가렴."
　콩쥐는 꽃신이 벗겨진 줄도 모르고 마구 뛰어갔어요. 그 때 마침 지나가던 원님이 뛰어가는 콩쥐와 벗겨진 꽃신을 보았어요.
　원님은 꽃신 주인을 찾으라고 명령했고, 나졸들은 꽃신 주인을 찾아 잔치집까지 왔어요.
　"여기 손님 중에 이 꽃신의 주인이 있으면 나오시오."
　콩쥐는 겁이 나서 내다보고만 있었어요. 그 때, 팥쥐가
　"내 거야!"
하며 꽃신을 신어봤지만 맞지 않았어요.
　나졸 한 명이 꽃신 한 짝만 신고 있는 콩쥐를 보았어요. 나졸은 콩쥐에게 꽃신을 신어 보라고 했어요. 꽃신은 콩쥐 발에 꼭 맞았어요.

　그 뒤, 원님은 콩쥐의 어여쁜 마음을 알고 결혼해서 행복하게 잘 살았어요.

1 다음 두 어린이의 주장 중에서 누구의 주장에 찬성하는지 쓰고, 이유도 함께 써 보세요.

〈관호〉
콩쥐는 어려운 일이 생길 때마다 울기만 하고, 어려운 일은 동물들이 다 해주었잖아. 자기 일은 자기가 해야지.

〈정인〉
나는 콩쥐가 착한 아이라고 생각해. 마음씨가 착하니까 동물들도 도와 준 거라구. 새엄마가 콩쥐에게 시킨 일은 콩쥐가 할 수 없는 일이었잖아.

나는 _____

그 이유는 _____

2 다음과 같은 상황에서 콩쥐의 마음은 어땠을지 빈칸에 알맞게 써 보세요.

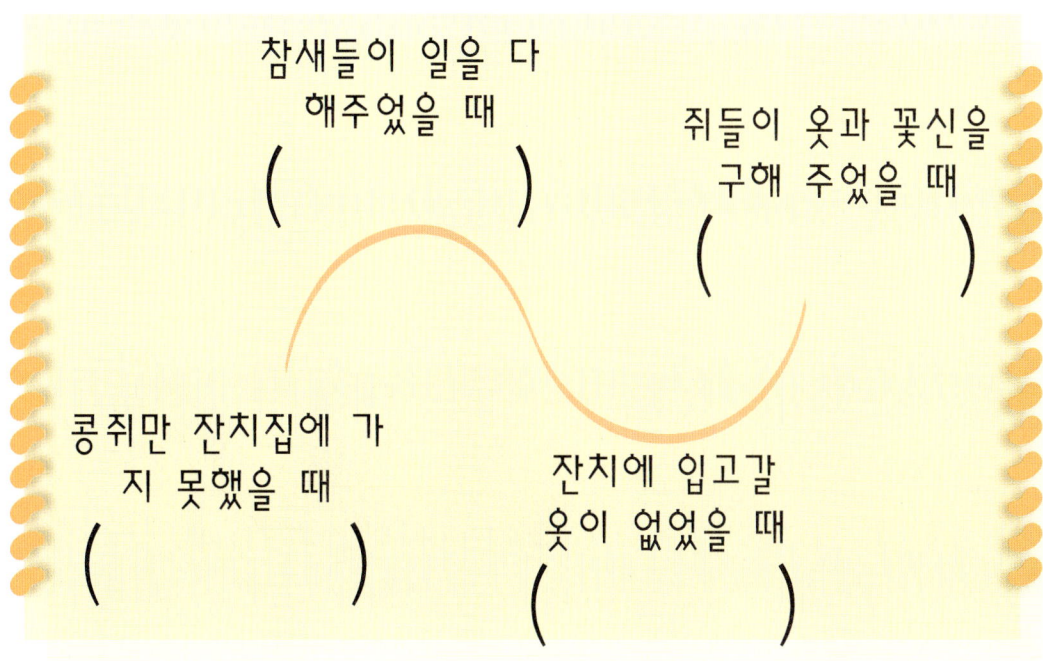

03 팥쥐의 일기

00년 00월 00일

오늘부터 새아버지 집에서 콩쥐언니와 함께 살게 되었다. 얼굴도 예쁘고 마음씨도 착한 콩쥐언니와 친하게 지내고 싶다.

00년 00월 00일

동네 아줌마들은 언니만 보면 '어쩜 이리 곱고 착하게 생겼누'. 하시면서 얼굴을 쓰다듬는다. 모두 예쁜 콩쥐언니만 사랑하고 나는 사랑해 주지 않는다. 오늘 거울을 보는데 예쁜 얼굴을 자꾸 보면 예뻐지니까 엄마가 거울 보지 말고 콩쥐언니를 보라고 했다. 콩쥐언니랑 친하게 지내고 싶었는데 콩쥐 언니가 자꾸 미워진다.

00년 00월 00일

엄마가 콩쥐언니에게 아주 어려운 일을 시켰다. 콩쥐언니는 어려운 일도 척척 잘 해낸다. 얼굴도 예쁘고 마음씨도 착하고 일도 잘하는 콩쥐언니가 너무 부럽다. 나도 콩쥐언니처럼 일을 잘 하고 싶은데 엄마는 내가 일이 서툴고 사고만 친다고 일을 시키지 않으신다. 나는 뭘 잘 할 수 있을까?

1 팥쥐의 일기를 읽고 느낀 점을 써 보세요.

2 여러분도 가족이나 친구들에게 부러움을 느낀 적이 있나요? 여러분은 누구에게 부러움을 느꼈었는지 자신의 이야기를 써 보세요.

3 팥쥐에게 보내는 편지를 써 보세요.

04 콩쥐를 도와 준 동물들

옛날에는 소들이 농사일을 도왔습니다. 쟁기를 끌면서 밭도 갈고 농기구 운반도 해 주었답니다.

두꺼비는 양서류입니다. 물고기라면 물 속에서 오랫동안 살 수 있지만, 양서류는 물 속에 오래 있을 수 없습니다. 산소 부족으로 숨을 쉴 수 없기 때문입니다.

새들은 곡식을 좋아합니다. 곡식을 좋아하는 참새는 껍질을 까면서 쌀알도 많이 먹었을 것입니다.

1 '콩쥐 팥쥐'에서 콩쥐가 밭 매는 일을 도와 주는 동물로 소가 등장한 이유를 생각하고 써 보세요.

2 '콩쥐'를 돕기 위에 구멍난 독 밑에 엎드려 있던 두꺼비는 어떻게 되었을까요?

한걸음더 | 달라진 콩쥐 팥쥐

콩쥐는 어느 날부터 새엄마와 함께 살게 되었는데, 새엄마는 콩쥐에게 나무 호미로 넓은 밭 매기, 구멍 뚫린 독에 물 채우기 같이 어려운 일을 시켰다. 밭을 매다가 나무 호미가 부러졌을 때 콩쥐는 엉엉 울고 싶었지만 꾹 참고, 쇠호미를 빌려다가 늦게까지 밭을 다 맸다.

독에 구멍 난 것을 알았을 때는 독을 빌리러 다녀봤지만 빌릴 수 없자 독에 물을 채우지 않았다고 야단치려는 새엄마에게

"독에 구멍이 났어요. 새 독을 사 주시면 물을 채워 놓겠습니다."
라고 씩씩하게 말했다.

그날 밤 새엄마 꿈에 콩쥐엄마가 나와

"팥쥐엄마, 남의 자식인 콩쥐보다 배 아파 난 팥쥐가 더 귀한 줄 내 아오. 그래도 엄마 잃고 정 붙일 곳 없는 아이 이니 따뜻하게 대해 주오. 내 부탁하리다."
라고 말하고 사라졌다. 꿈에서 깬 새엄마는 그 동안 콩쥐에게 심하게 한 것이 마음에 걸려 콩쥐를 불렀다.

"콩쥐야, 이제 날 무서워 말고 팥쥐가 내게 하듯 너도 나를 친엄마처럼 편하게 대해 다오."
라고 말하였다.

그 날부터 콩쥐와 팥쥐 그리고 새엄마는 정말 한 식구처럼 지냈고, 어느 날 동네에서 열린 잔치에도 함께 가게 되었는데……

1 '콩쥐 팥쥐' 이야기에 나오는 콩쥐와 '달라진 콩쥐 팥쥐'에 나오는 콩쥐의 다른 점을 써 보세요.

2 콩쥐 엄마가 팥쥐 엄마 꿈에 나타난 이유는 무엇일까요?

3 예쁜 옷을 입고 잔치집에 간 세 사람에게 어떤 일이 일어났을까요? 여러분이 상상해서 뒷이야기를 꾸며 보세요.

말하기 · 듣기 · 읽기 – 첫째마당 (2) 내가 만드는 이야기

상상의 날개를 펴요 02

내 눈으로 보는 교과서
01 이야기를 꾸며 보아요
02 느낌을 말해 보아요

뛰어넘자 교과서
사진 찍기 싫어요

교과서 논술 plus
싫어 여왕

01 이야기를 꾸며 보아요

말하기 듣기 12~15쪽 | 학습 목표 : 그림을 보고 재미있는 이야기를 꾸며 볼 수 있다.

1 그림 ①, ②를 보고 각각의 그림 내용을 재미있는 이야기로 꾸며 보세요.

①번 그림의 내용은

②번 그림의 내용은

2 다음 글을 읽고, 글 뒤에 이어질 내용을 그림 3~6을 보고 재미있는 이야기로 꾸며 보세요.

고양이가 바위 뒤에 숨어서 멧돼지와 스컹크를 줄곧 지켜 보고 있었습니다.
'나도 방귀를 뀌어 나를 괴롭히는 개를 혼내 주어야지.'
고양이는 개를 만나러 달려갑니다.

3

4

5

6

1 웅이의 집을 찾지 못한 소년은 어떻게 했을지 상상해서 써 보세요.

_____

_____

2 숙제 검사 시간에 웅이는 어떻게 되었을까요?

_____

_____

02 느낌을 말해 보아요

읽기 12~15쪽 | 학습 목표 : 이야기를 읽고, 느낀 점을 말할 수 있다.

은혜 갚은 꿩

옛날에 한 나그네가 산길을 걷고 있었습니다.

"쉭, 쉭, 쉬이익."

어디선가 이상한 소리가 들려 주위를 살펴보았습니다. 구렁이가 꿩을 잡아먹으려고 하였습니다.

나그네는 재빨리 구렁이에게 활을 쏘아 꿩을 구하여 주었습니다.

날이 저물었습니다. 나그네는 외딴집의 헛간에서 잠을 자게 되었습니다. 잠을 자던 나그네는 가슴이 답답하여 눈을 떴습니다.

"앗!"

커다란 구렁이가 나그네의 온몸을 친친 감고 긴 혀를 날름거리고 있었습니다.

"네가 우리 오라버니를 죽였지? 나는 네가 낮에 죽인 구렁이의 동생이다."

나그네는 살려 달라고 빌었습니다.

"좋다, 날이 밝기 전에 저 산의 빈 절에 있는 종이 세 번 울리면 살려 주마."

나그네는 꼼짝없이 죽게 되었다고 생각하며 눈물을 흘렸습니다.

날이 점점 밝아 오고 있었습니다. 구렁이는 점점 더 세게 나그네의 몸을 조였습니다.

그 때였습니다.

"뎅, 뎅, 뎅."

종이 세 번 울렸습니다. 구렁이는 슬그머니 사라졌습니다.

'어떻게 된 걸까?'

나그네는 빈 절에 가 보았습니다.

꿩이 머리에 피를 흘린 채 큰 종 아래 죽어 있었습니다.

1 그림과 같은 상황일 때 나그네는 어떤 느낌이 들었을지 써 보세요.

필통은 자기가 가장 중요한 일을 한다고 잘난 척을 했어요.

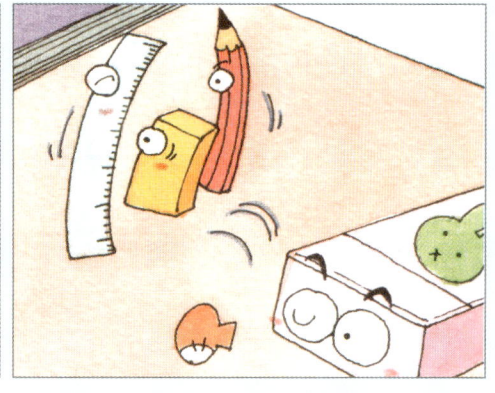

화가 난 연필, 자, 지우개가 필통을 떠났어요.

텅 빈 필통은 필요 없어 버려졌어요.

그런데 연필, 자, 지우개는 필통이 없어도 할 일이 있었어요.

1 할 일이 없어져서 버려진 필통은 어떤 생각을 했을까요?

2 여러분이 연필, 자, 지우개라면 버려진 필통을 보고 어떤 느낌이 들었을지 상상해서 쓰세요.

사진 찍기 싫어요

은조 사진 걸렸네!

잘 웃지 않는 아이인 은조는 사진 찍는 것을 싫어합니다. 오늘은 '가족사진'을 찍기로 한 날인데, 오늘도 은조는 기분이 좋지 않은 모양입니다.

어머니께서 은조에게 다가가

"은조야, 사진 찍을 때 코끼리가 비키니 수영복을 입었다고 상상해 봐. 그리고 사자가 커다란 리본이 달린 머리띠를 했다고 상상해 봐."

라고 말했습니다. 은조는 엄마가 가르쳐 준 대로 코끼리가 비키니 수영복 입은 모습을 상상했습니다. 그렇게 상상을 하고 있는 동안 사진사 아저씨께서 사진을 찍었습니다.

가족 사진을 찍은 후에 사진사 아저씨께서 은조에게 다가가

"꼬마 아가씨 표정이 너무 예뻐서 아저씨가 사진 한방 더 찍어주고 싶은데 괜찮겠니?"

라고 말씀하셨습니다. 이번엔 사자가 머리띠를 한 모습을 상상하고 사진을 찍었습니다.

어느 날 은조는 그 사진관 앞을 지나가게 되었습니다. 사진관에는 노란 조끼와 검은 바지가 잘 어울리는 은조 사진이 걸려 있었습니다. 은조는 그 사진을 보고 자기도 모르게 입술이 눈 쪽으로 올라갔습니다.

1 은조는 사진관에 걸린 자기 사진을 보았을 때 어떤 느낌이 들었나요?

2 여러분은 사진 찍는 것을 좋아하나요? 싫어하나요? 사진 찍을 때의 느낌을 써 보세요.

저는 사진 찍는 것을

사진 찍을 때에는

3 여러분 사진이 사진관에 걸리게 된다면 어떤 느낌이 들지 써 보세요.

교과서 논술 plus | 싫어 여왕

− 홍승우, 『비빔툰』 중에서 −

1 겨운이가 '싫어'라고 말하게 된 이유는 무엇인가요?

___

2 계속 '싫어'라고 말하던 겨운이는 나중에 어떻게 되었나요?

___

바른생활 – 1단원 학교에서 지킬 일

지킬 것은 지킨다!

영재클리닉

지킬 것을 지키면 학교가 안전하고 즐거워집니다.

내 눈으로 보는 교과서
앗! 위험해요

Step by Step
01 지각하면 떨려요
02 떠들면 방해가 되요
03 반칙하면 지는거예요
04 생활 표지판 그리기
05 우리들이 만든 규칙

바른생활 4~17쪽 | 학습 목표 : 학교에서 지켜야 할 규칙들을 익힐 수 있다.

1 그림을 보고 안전한 행동을 한 어린이에게는 칭찬을 해 주고, 위험한 행동을 한 어린이에게는 어떻게 행동을 해야 하는지 알려 주세요.

지킬 것은 지킨다

| 01 지각하면 떨려요

1 지각을 하면 어떤 느낌이 들까요?

---

2 여러분도 지각한 경험이 있나요? 여러분이 지각을 했을 때 경험을 이야기해 보세요.

02 떠들면 방해가 되요

1 두 어린이가 복도에 서 있게 된 이유는 무엇인가요?

_____

2 수업 시간에는 왜 조용히 해야 할까요?

_____

03 반칙하면 지는 거예요

축구 선수들이 반칙을 하고 있는 사진입니다.

반칙을 한 선수가 레드 카드를 받고 있는 사진입니다.

1 심판이 빨간색 카드를 든 이유는 무엇일까요?

_____

2 여러분은 친구들과 운동할 때 친구가 반칙을 하면 어떻게 하나요?

_____

_____

04 생활 표지판 그리기

주차장　　　　횡단보도　　　　자전거 전용도로

1 교통 표지판은 간단한 그림으로 교통 정보를 알리는 역할을 합니다. 다음 표지판은 어떻게 만드는 게 좋을까요? 재미있는 표지판을 만들어 보세요.

수업 시간에는 조용히!　　　　웃는 얼굴로 인사하기!

우산은 이곳에 꽂아 주세요.　　　　화장실에서는 한 줄 서기

05 우리들이 만든 규칙

우리 반 규칙

1. 아침에 교실에 들어오면 큰 소리로 '안녕' 하고 인사를 하고 교실에 있는 친구들도 '안녕' 하고 인사를 한다.
2. 짝꿍이 준비물을 안 가져 왔을 때에는 먼저 같이 쓰자고 말한다.
3. 친구들끼리 욕을 하거나 싸우지 않는다. 만약 싸웠을 때에는 싸운 친구끼리 손을 잡고 마주 보고 서 있는다.
4. 교실에 쓰레기가 떨어져 있으면 제일 먼저 발견한 사람이 주워 쓰레기통에 넣는다.
5. 생일 파티는 교실에서 반 친구들이 모두 모여서 한다.
6. 집에 가는 방향이 같은 친구들끼리 모여서 간다.

1 보민이네 반에서는 선생님과 아이들이 함께 '우리 반 규칙'을 만들었습니다. 보민이네 반 규칙을 보고 느낀 점을 써 보세요.

---

2 여러분이 반에서 지켜야 할 규칙을 만든다면 어떤 규칙을 만들고 싶은지 두 가지만 써 보세요.

하나

둘

게임에도 규칙이 있다

다운이가 게임 규칙을 지키지 않아서
엄마가 화가 나셨네요.
친구들하고 게임 할 때도 규칙을
꼭 지키기로 해요.

– 홍승우, 『비빔툰』 중에서 –

말하기 · 듣기 · 읽기 - 둘째마당 (1) 생각이 서로 다를 때

이렇게 하면 좋겠어요

내 눈으로 보는 교과서

01 말을 할 때는 이렇게
02 생각을 찾아보아요
03 내 생각을 말해 보아요

뛰어넘자 교과서

고양이 말을 배워요

01 말을 할 때는 이렇게

말하기 듣기 32~33쪽 | 학습 목표 : 말을 할 때에 주의할 점을 알 수 있다.

1 다음 그림은 친구와 말을 주고받는 모습입니다. 그림을 보고, 어떤 잘못을 하고 있는지 써 보세요.

뭐라구요?

사회자 : 몸이 아프거나 갑자기 쓰러졌을 때 타고 가는 것은?
문천식 : 에불러서.
사회자 : 어, 비슷합니다. 조금 더 자세히.
문천식 : 왜 불렀어.
사회자 : 네, 안타깝습니다. 정답은 앰뷸런스죠. 자, 다음 문제입니다. 소의 새끼를 다른 말로 하면?
문천식 : 소아지.
사회자 : 어, 비슷합니다. 한 번만 더.
문천식 : 속았지.
사회자 : 아니죠? 정답은 송아지입니다.

1 '노브레인 서바이벌' 이라는 프로그램에서 한 개그맨이 문제를 푸는 모습입니다. 이 개그맨이 말할 때 주의할 점은 무엇인가요?

2 남들이 잘 알아들을 수 없게 말한 경험을 떠올리고, 어떤 경우에 그렇게 말했는지 말해 보세요.

02 생각을 찾아보아요

읽기 36~37쪽 | 학습 목표 : 글을 읽고, 글쓴이의 생각을 찾을 수 있다.

음식

사람마다 좋아하는 음식과 싫어하는 음식이 있습니다. 사람들은 좋아하는 음식은 많이 먹지만, 싫어하는 음식은 잘 먹지 않습니다.

그러나 음식을 골고루 먹지 않으면 건강이 나빠질 수 있습니다. 나는 음식을 골고루 먹어야 한다고 생각합니다.

1 글쓴이의 의견에 대한 나의 생각을 써 보세요.

---

2 여러분이 좋아하는 음식과 싫어하는 음식을 써 보세요.

좋아하는 음식	싫어하는 음식

내 방

나도 내 방이 있으면 좋겠어요.
나에겐 방이 필요해요.
방이 필요한 이유를 말해볼까요?

첫째, 안방과 거실에 틀어놓은 텔레비전은 책 볼 시간을 빼앗아 가요.
둘째, 상상하고 생각할 곳이 필요해요.
셋째, 내 물건들이 한 곳에 모여 있으면 찾기 쉬워서 아침마다 허둥대며 찾지 않아도 되요.
넷째, 나도 이제 혼자 잘 수 있는 나이가 되었어요.

1 글쓴이의 의견이 무엇인지 간단하게 써 보세요.

2 내 방이 있어서 좋은 이유를 더 생각하여 써 보세요.

내 눈으로 보는 교과서 | 03 내 생각을 말해 보아요

읽기 40~41쪽 | 학습 목표 : 생각이 드러난 부분을 찾고, 내 생각을 말할 수 있다.

어떻게 하면 좋을까

고양이가 날마다 쥐를 잡아갔습니다. 엄마쥐가 가족 회의를 열었습니다.

첫째 쥐가 말하였습니다.

"이사를 가면 좋겠어요. 이웃 마을에는 고양이가 없을 거예요."

그러자 둘째 쥐가 말하였습니다.

"이삿짐을 싸려면 힘들잖아요? 차라리 한 명씩 돌아가며 망을 보도록 해요."

그러자 셋째 쥐가 말하였습니다.

"고양이 목에 방울을 달면 어때요? 고양이가 올 때마다 방울 소리가 나니까 빨리 도망갈 수 있어요."

1 쥐 세 마리의 생각을 정리해 보세요.

첫째 쥐 : _____

둘째 쥐 : _____

셋째 쥐 : _____

2 세 마리의 쥐가 말한 것보다 더 좋은 방법은 없을까요? 고양이가 쥐를 잡아가지 않게 할 좋은 방법을 이야기해 보세요.

_____

— 상상 재현 만화, 「상상이」 중에서 —

1 상상이의 의견이 무엇인지 써 보세요.

2 사람들이 거짓말을 하면 어떤 일이 생겼으면 좋겠는지 상상이처럼 생각해서 써 보세요.

고양이 말을 배워요

꼬마 쥐는 '고양이와 말을 할 수 있다면 친하게 지낼 수 있고, 친해지면 날 잡아먹지 않을 거야.' 라고 생각했어요. 그렇게 생각한 꼬마 쥐는 고양이 말을 공부하기 시작했어요. 고양이 말을 할 수 있게 된 꼬마 쥐가 고양이를 찾아가 대화를 하려고 하네요.

1 꼬마 쥐의 생각처럼 고양이와 대화를 하면 고양이와 쥐가 사이좋게 지낼 수 있을까요?

_____

_____

2 꼬마 쥐가 고양이를 만나서 무슨 말을 했을까요?

_____

_____

슬기로운 생활 - 1단원 생각하여 만들기

뚝딱뚝딱 여러 가지 도구

영재클리닉 02

할머니께서는 왜 믹서기를 쓰지 않고 맷돌을 쓰실까요?

내 눈으로 보는 교과서

여러 가지 도구의 쓰임

Step by Step

01 도구를 왜 쓸까요?
02 점점 편리해져요
03 무슨 도구였을까?
04 어디에 쓰는 도구일까?
05 코트의 변신
06 뚝딱 아저씨의 도구가게

여러 가지 도구의 쓰임

슬기로운 생활 2~11쪽 | 학습 목표 : 우리 주변에 있는 여러 가지 도구의 쓰임을 알 수 있다.

1 그림에 나오는 문제를 해결할 수 있는 도구를 써 보세요.

1

깨진 접시를 치워야겠어요!

2

빨래가 날아가려고 해요.

3

액자를 잘 보이는 곳에 걸어야겠어요.

4

동그라미를 잘 그리고 싶어요.

Step by Step
뚝딱뚝딱 여러 가지 도구

01 도구를 왜 쓸까요?

1 여러분은 도구를 왜 사용한다고 생각하나요?

_____

2 그림에 나타난 것 외에 도구를 사용하여 편리했던 경험을 말해 보세요.

_____

02 점점 편리해져요

1 위 그림을 보고, 여러분이 옛날에 태어났다면 어떻게 생활을 했을지 상상해서 써 보세요.

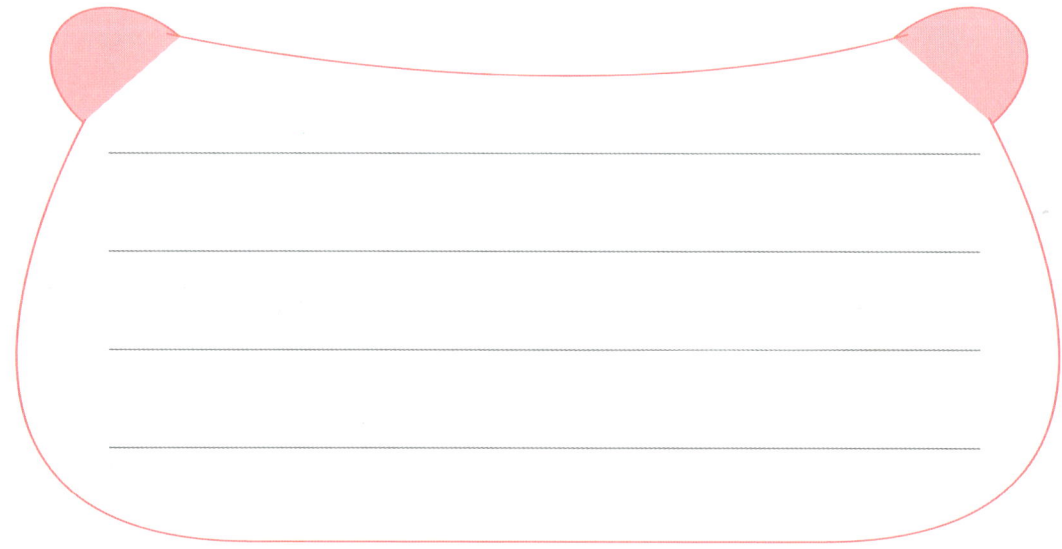

03 무슨 도구였을까?

1 옛날에는 깃털이 어떤 도구로 쓰였을지 상상해서 써 보세요.

깃털

2 옛날에는 러닝머신이 다른 도구로 사용되었다고 합니다. 그림을 보고 어떤 도구로 사용되었을지 상상해서 써 보세요.

04 어디에 쓰는 도구일까?

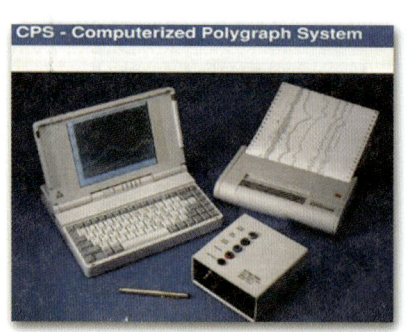
〈거짓말 탐지기〉

〈캡슐 내시경〉

1 거짓말 탐지기는 언제 쓰는 도구일까요?

2 여러분에게 거짓말 탐지기가 있다면 언제 사용하고 싶은지 써 보세요.

3 캡슐 내시경은 어디에서 사용되는 도구일까요?

05 코트의 변신

1 아저씨의 코트가 너무 낡았네요.
2 코트가 재킷으로 변신을 했어요.
3 옷소매를 잘라 조끼를 만드셨네요.
4 이번에는 목도리가 되었어요.
5 또 뭘 만드시는 걸까요?
6 보세요! 근사한 나비 넥타이가 되었어요.

1 아저씨의 코트가 변신을 하려면 어떤 도구들이 필요할까요? 옷을 만들거나 고칠 때 어떤 도구들이 필요한지 생각하고 써 보세요.

06 뚝딱 아저씨의 도구가게

　우리 동네에는 뚝딱 아저씨의 도구가게가 있어요. 사람들은 문제가 생기면 뚝딱 아저씨를 찾아오지요. 기훈이가 뚝딱 아저씨를 찾아오네요.
　"아저씨, 동생이 뛰어다니다가 책을 밟았어요. 책이 찢어졌는데 어떻게 하면 좋을까요?"
　아저씨께서 무언가를 꺼내주시네요. 그게 뭘까요?
　이번엔 높은 구두를 신고 다니는 정오누나가 찾아왔어요.
　"아저씨, 구두굽이 똑 부러져 버렸어요. 내가 무겁나 봐요. 어떻게 하면 좋을까요?"
　이번에도 무언가를 꺼내주시며 손에 묻지 않게 조심해서 붙이라고 하시네요. 그게 뭘까요? 이번엔 창수할아버지시네요.
　"이봐, 뚝딱이 양반. 내가 아침마다 마당을 쓰는데 빗자루가 거칠어서 손에 가시가 박혀."
　할아버지께 무언가를 주시며 빗자루를 살살 문지르라고 하시네요. 그건 또 뭘까요? 이번엔 장난꾸러기 민우가 왔어요.
　"아저씨, 제 자동차가 안 움직여요. 나사못이 헐거워졌어요."
　아저씨께서 민우에게 무언가를 주시며 그것으로 조이면 된다고 말씀하시네요. 무엇을 주신걸까요?

　멋진 뚝딱이 아저씨 가게가 100년이 넘어도 문을 안 닫았으면 좋겠어요.

1 기훈이에게 준 도구는 무엇일까요?

---

2 부러진 구두굽은 무엇으로 고칠 수 있을까요?

---

3 뚝딱 아저씨는 빗자루를 매끈매끈하게 만드는 도구로 창수할아버지게 무엇을 드렸을까요?

---

4 장난꾸러기 민우의 헐거워진 나사못은 무엇으로 조였을까요? 도구를 그려 보세요.

할머니의 비녀

어느 날 할머니께서 머리에 귀이개를 꽂고 계셨어요.
"할머니, 왜 머리에 귀이개를 꽂으셨어요?"
"응, 비녀가 할미 머리에만 꽂혀 있기 싫었는지 도망가 버렸네."
나는 집에 오는 길에 할머니 드릴 예쁜 머리핀을 샀어요.
"할머니, 이거 꽂으세요."
"할미 머리에 꽂으라고? 이걸로 되려나?"
내가 사 온 머리핀이 너무 작아서 꽂아지지가 않았어요.
"할미 머리에는 비녀가 딱이지. 고녀석 곧 나타날 테니
걱정 말거라."
그런데 며칠이 지나도 비녀가 나타나지 않았어요.
엄마와 함께 금은방에서 은비녀를 사서 할머니께 드렸어요.
할머니는 참빗으로 머리를 곱게 빗으시고 틀어올려
금새 작은 봉우리를 만드셨어요.
그리고 비녀를 단정하게 꽂으셨어요.
비녀는 할머니 머리에 딱 맞는 도구였어요.

쓰기 - 첫째 마당 상상의 날개를 펴요

상상은 요술쟁이

논술클리닉

내눈으로 보는 교과서

그림 보고 상상하기

논술에너지를 쌓아라

01 무엇을 상상할까요?
02 어떻게 되었을까요?
03 마음을 보여 주는 기계
04 지구본에서 우리 집은 어디 있지?
05 붕어빵도 살아나는 상상
06 신기한 사료

신나는 논술

사료가 다 떨어졌다

이 상자 안에 무엇이 들어 있을까요?

그림 보고 상상하기

쓰기 10~11쪽 | 학습 목표 : 그림을 보고 떠오르는 생각을 써 볼 수 있다.

1 그림을 보고 바람이 여행을 한 곳과 여행을 가서 한 일을 적어 보세요.

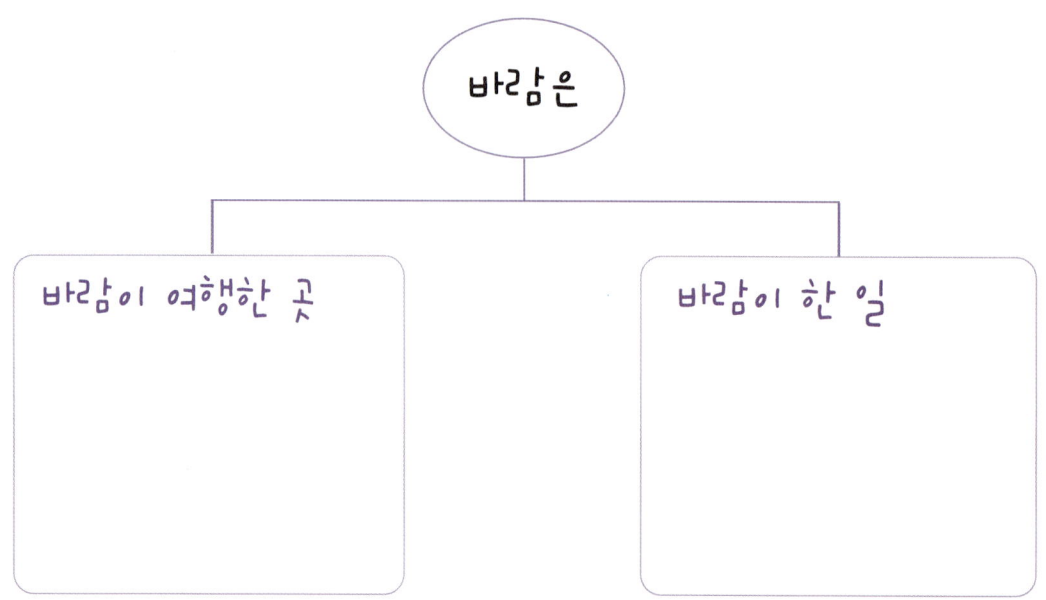

상상은 요술쟁이

01 무엇을 상상할까요?

1 다음 그림을 보고 상상한 내용을 써 보세요.

(1)

책 읽기 싫어하는 해준이는 책에 초콜릿이 발라져 있으면 좋겠다고 생각했어요. 정말 초콜릿 바른 책이 있다면 어떨까요?

_____

_____

(2)

희경이는 텔레비전에서 사람보다 큰 대왕 오징어를 보고 대왕 당근을 생각했어요. 채소와 과일이 사람보다 커진다면 무슨 일이 생길까요?

_____

_____

(3)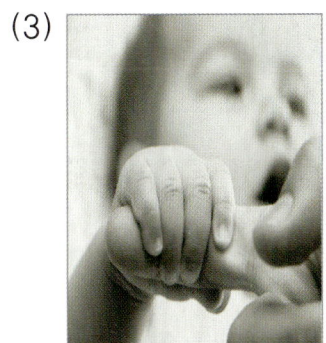

아이가 아빠의 손가락을 꼭 쥐고 있네요. 아기는 아빠의 손가락을 쥐고 무슨 생각을 하고 있을까요?

_____

_____

02 어떻게 되었을까요?

▲와 ■와 ●가 게임을 했어요. 게임에서 지면 지구를 떠나기로 했는데, ●가 게임에 져서 지구를 떠나게 되었어요. 동그라미들이 있던 자리에는 네모들이 들어가게 되었어요. 동그라미 모양이 다 사라져 버린 지구에는 어떤 일이 생겼을까요?

1 자동차가 어떻게 달라졌을지 그려 보고, 불편한 점을 써 보세요.

2 동그라미가 사라져서 공 모양이 달라졌어요. 달라진 공 모양을 그려 보고, 불편한 점을 써 보세요.

3 동그라미가 사라져서 'ㅇ'이 'ㅁ'으로 바뀌었어요. 다음 글자들이 'ㅁ'으로 바뀐 뒤의 모양을 써 보고, 불편한 점을 써 보세요.

엄마, 아빠,
언니, 오빠

4 다음 글을 읽고, 요술 양말을 어떻게 하면 좋을지 생각해서 써 보세요.

> 나에게는 구멍이 나지 않는 요술양말이 있어요. 요술 양말이 처음에는 신기하고 좋았지만 이제는 신기 싫어졌어요. 그런데 구멍이 나지 않아서 버릴 수가 없어요. 요술 양말을 어떻게 하면 좋을까요?

_____

_____

5 개집에 개가 있습니다. 개가 너무 더워서 혀를 길게 내밀고 숨을 헐떡헐떡 쉽니다. 개집을 어떻게 고쳐 주면 개가 덥지 않을까요? 한여름에도 덥지 않은 개집을 그려 보세요.

03 마음을 보여 주는 기계

1 마음을 보여 주는 기계가 있다면 어떻게 쓰고 싶은가요?

2 마음이 보이면 어떤 불편한 점이 있을지 친구들과 이야기해 보세요.

04 지구본에서 우리 집은 어디 있지?

1 지구에는 얼마나 많은 집이 있을까요?

2 지구에 있는 집을 다 그리려면 지구본이 얼마나 커야 할까요?

05 붕어빵도 살아나는 상상

1 붕어빵을 사서 집에 왔더니 붕어빵이 붕어가 되었어요. 붕어를 어떻게 해야 할까요?

2 낡은 털신발 안에 작은 애벌레가 꿈틀꿈틀 기어들어가 겨울잠을 잤어요. 그리고 봄이 되었어요. 신발 안에 들어갔던 애벌레가 어떻게 되었을지 그려 보세요.

06 신기한 사료

1 신기한 사료를 먹고 힘이 세진 고양이가 개에게 어떻게 했을지 상상하여 써 보세요.

2 여러분도 고양이처럼 갑자기 힘이 세지면 어떤 일을 해 보고 싶은가요?

사료가 다 떨어졌다

※ '신기한 사료'에서 신기한 사료가 다 떨어져서 고양이가 다시 힘이 약해지면 고양이와 개에게 어떤 일이 생길지 상상하고 한 편의 글을 써 보세요.

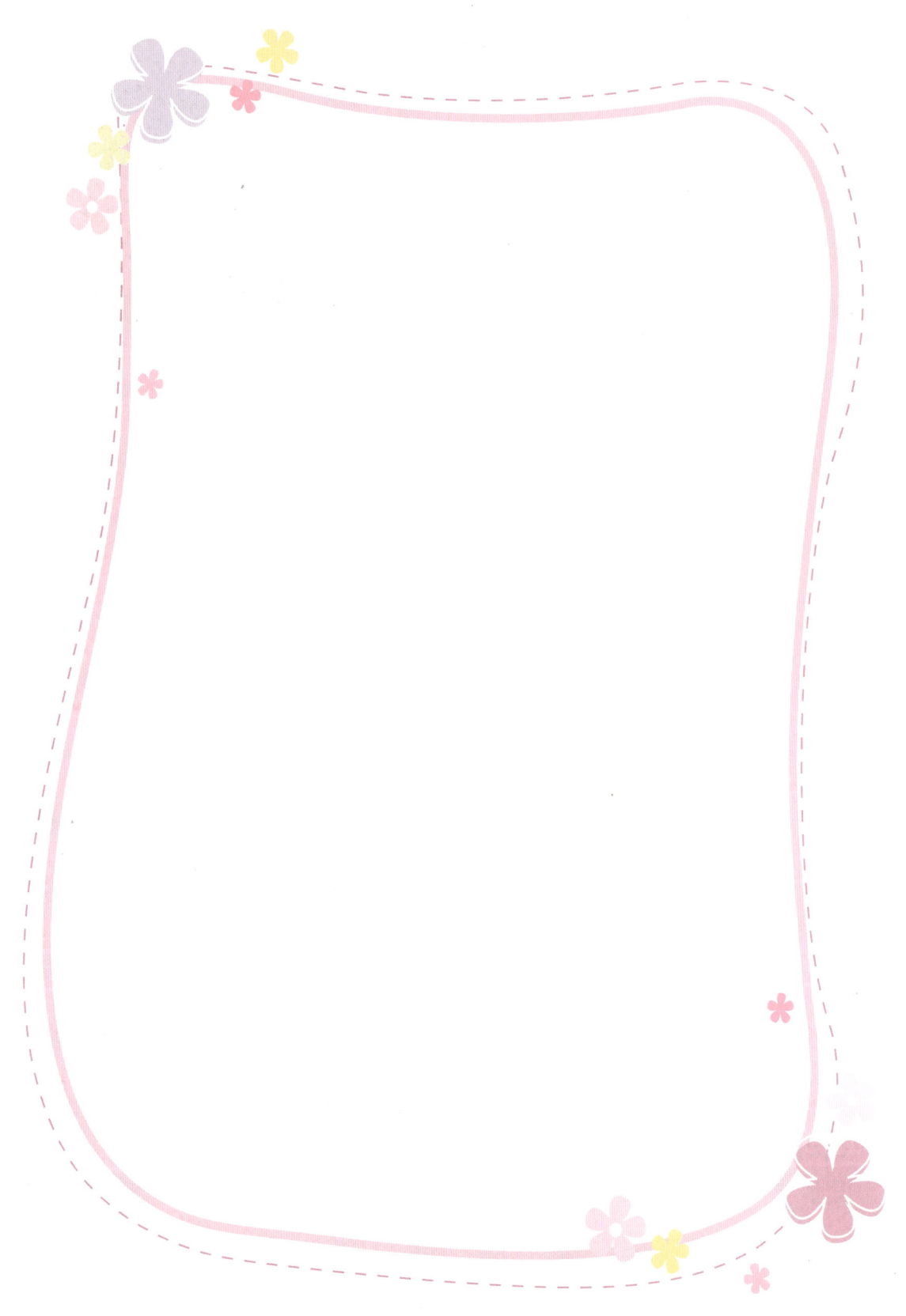

※ 들어가기 전에 – 이 책은 다양한 개성적인 반응과 답변을 유도하는 데 목적이 있으므로, 단 하나의 유일한 정답이 없는 문항들도 많습니다. 그러므로 〈정답의 방향〉을 가늠하는 참고 자료로 활용해 주시기 바랍니다.

week 01
발상사고혁명
달라도 친해요!
05 쪽

상대적 사고를 하자

01 나는 왜 꼬리가 없지?

G·U·I·D·E 자기와 다른 것들을 이해하고 받아들이는 자세를 배울 수 있습니다.

1 꼬리가 필요 없기 때문에 / 꼬리가 있으면 불편하기 때문에 / 꼬리가 있었는데 사용하지 않아서 없어졌다.

2 좋은 점 : 말하기 싫을 땐 꼬리로 표현을 할 수 있어서 좋다. / 파리를 쫓을 때 좋다.
불편한 점 : 화장실에서 대소변을 볼 때 불편하다. / 문으로 들어올 때 꼬리가 낄 수 있다. / 지나가는 발이나 차에 밟힐 수 있다. / 옷에 구멍을 뚫어야 하기 때문에 불편하다.

02 동물들은 왜 옷을 안 입지?

G·U·I·D·E 동물이 옷을 입지 않는 이유를 생각해 봅니다.

1 고슴도치: 고슴도치는 가시에 옷이 몽땅 해질 거예요.
코끼리 : 코끼리는 덩치가 너무 커서 옷 입기가 불편하고, 옷감도 많이 필요할 거예요.

2 털과 가죽이 몸을 보호해 주기 때문에 / 동물들은 부끄러움을 타지 않기 때문에

03 나라마다 말이 달라요.

G·U·I·D·E 외국인과 말이 통하지 않을 때 어떻게 해야 하는지 알아봅니다.

1 손동작이나 몸동작 그리고 표정으로 하고 싶은 말을 표현할 수 있다. / 여러 나라 말을 배워서 말한다.

04 다르게 보여요

G·U·I·D·E 똑같은 동그라미를 보고도 떠올리는 것이 다르다는 알 수 있습니다.

1 수박, 피자, 빵

2 시험지에 쳐진 동그라미, 민들레 홀씨, 이응이네, 눈사람이 굴러 떨어졌다.

05 생각이 달라요.

1 음악가: 노래
의사: 비타민
어머니와 딸: 어머니는 생선, 딸은 주스
화가: 그림

2 맛있겠다. / 시다. / 노랗다.

06 내 친구 윤상이!

G·U·I·D·E '윤상이'를 통해 나와 다른

신체를 가진 친구를 이해할 수 있습니다.

1 윤상이의 팔과 손이 친구들과 달라서

2 윤상이는 팔과 손이 불편하지만 무엇이든지 열심히 하는 멋진 친구라고 생각합니다.

새롭게 생각해요
네 손가락 피아니스트

1 다른 피아니스트들은 열 개의 손가락으로 피아노를 치지만 희아는 네 개의 손가락으로 피아노를 칩니다.

week 02
교과서 논술 01
상상의 날개를 펴요 01
15 쪽

내 눈으로 보는 교과서
01 재미있게 읽어요

G·U·I·D·E 그림을 보고 뒤에 일어날 일을 상상할 수 있다. 재미있게 읽거나 들은 이야기를 생각하여 말해 봅니다.

1 콩나물하고 감자가 달리기를 했는데 콩나물은 사뿐사뿐 걸어갔고, 감자는 데굴데굴 굴러갔다.

2 감자
이유 – 사뿐사뿐 걸어가는 것보다 데굴데굴 굴러가는 것이 더 빠르기 때문에

열린교과서

1 두실이 아버지께서 고쳐주셨지만 예전보다 약해져서 두실이가 앉을 수는 없었어요. 그래서 작은 화분을 사다 올려놓았어요.

02 이야기를 만들어요

G·U·I·D·E 그림을 보고 재미있는 이야기를 꾸며봅니다.

1 ② ④ ① ⑤ ③

열린교과서

1 형의 공책

2 동생이 종이비행기 만든 것을 알고 화가 난 형은 동생 공책을 뜯어 종이배를 만들어 물에 띄운다.

03 시를 읽고 느껴요

G·U·I·D·E 시를 읽고 느낀 점을 말하여 봅니다.

1 소년의 마음 : 매미가 눈치 채고 날아가면 안 되는데 / 매미가 저 자리에 그대로 있으면 좋겠는데
매미의 마음 : 날 잡으려는 건가 봐 / 이크 피하자! / 아, 위험해 / 제발 날 잡아가지 말아줘

2 조마조마한 느낌이 들었다. / 매미를 놓친 소년의 아쉬운 마음을 느낄 수 있었다.

열린교과서

1 화가 난 호랑이가 선인장을 차고 발에 선인장 가시가 박혀서 펄쩍펄쩍 뛰는 장면

2 화가 난다고 아무거나 발로 차면 안된다. / 선인장을 조심해야 한다.

뛰어넘자 교과서
부릉이의 갈귀

G·U·I·D·E 그림을 보고 뒤에 일어날 일을 상상해 봅니다.

1 뒤를 돌아본 사자는 머리에 이상한 걸 뒤집어쓰고 폼을 잡고 있는 부릉이가 귀여워서 웃음이 났다. 사자는 부릉이에게 "너도 갈귀가 생겼구나. 그런데 갈귀 때문에 너의 멋진 귀가 잘 안 보이네."라고 말하였다. 부릉이는 '그래 갈귀는 나에게 안 어울려. 그리고 너무 불편해'라고 말하고 갈귀를 빼려고 했다. 그런데 갈귀가 빠지지 않아 병원에 가서 잘라내야 했다.

교과서 논술 plus
홀리의 조각배

1 쓸쓸함 / 외로움

week 03
독서 클리닉
콩쥐야 팥쥐야 울지 마!
25 쪽

입장 바꿔 읽어요
01 콩쥐야 팥쥐야

G·U·I·D·E 이야기를 읽고 인물들의 성격과 감정변화를 알아 봅니다.

1

콩 쥐	새엄마
마음씨는 착하지만 적극적이지 못하고 울보이다.	심술이 많고 마음씨가 고약하다.

2 문제가 생길 때마다 울고 있으면 동물들이 도와주어서 해결하였다.

3 새엄마: 일을 아주 잘하네. 다음엔 더 많은 일을 시켜야겠군. / 천사 아니야?
콩쥐 : 어머니께서 아무리 어려운 일을 시켜셔도 저는 해낼 수 있습니다.

02 콩쥐의 꽃신

G·U·I·D·E 두 친구의 의견을 듣고 콩쥐를 평가해 봅니다.

1 나는 관호의 의견을 찬성해.
콩쥐는 문제가 생길때마다 방법을 찾지 않고 울기만 하잖아. 문제가 생기면 방법을 찾아야지. / 나는 정인이의 의견에 찬성해. 마음이 여리니까 눈물이 난거라구. 그리고 어린 나이라서 방법을 생각할 수 없었던거야.

2 슬프고 속상하다, 안심이 되고 잔치에 갈 수 있게 되어서 기쁘다, 다시 슬퍼진다, 너무 기뻐서 날아갈 것 같다.

03 팥쥐의 일기

G·U·I·D·E 팥쥐가 콩쥐를 미워하게 된 이유를 알아 봅니다.

1 팥쥐가 가엽다. / 팥쥐도 많이 힘들었을 것 같다.

2 자신의 경험을 써 봅니다.

3 팥쥐에게
팥쥐야 너도 많이 힘들었구나. 그동안 아무도 널 이해해주지 않아서 많이 속상했지. 나도 가끔 부모님께서 오빠랑 동생만 사랑하는 것 같아서 속상할 때가 있어. 나는 그래도 오빠랑 동생을 사랑해. 너도 콩쥐 언니를 미워하지 말고 친하게 지내봐. 그리고 표정이 예쁘면 얼굴도 예뻐 보인다고 했어. 팥쥐야 항상 웃으렴.
– 애주 씀 –

04 콩쥐를 도와 준 동물들

G·U·I·D·E 콩쥐 팥쥐에 등장하는 동물들에 대해 알아봅니다.

1 옛날에는 소가 농사짓는 일을 도왔기 때문에

2 새엄마가 오실 때까지 독에 엎드려 있

던 두꺼비는 숨을 못 쉬어서 죽었을 것이다. / 다행히 새엄마가 빨리 오셔서 두꺼비는 살아서 독을 빠져 나올 수 을 것이다.

한 걸음 더
달라진 콩쥐 팥쥐

G·U·I·D·E 인물의 성격이 달라진 콩쥐 팥쥐를 읽어 봅니다.

1 콩쥐가 적극적으로 변했다. / 콩쥐가 울지 않는다.

2 콩쥐가 불쌍해서

3 원님이 콩쥐에게 반해서 청혼을 하였지만 콩쥐는 거절을 한다. 거절한 콩쥐는 나중에 아주 사랑하는 사람을 만나 결혼을 하고 팥쥐도 사랑하는 사람을 만나 결혼을 한다. 둘은 가까운 이웃에 살면서 늙을 때까지 사이좋게 잘 살게 된다.

week 04
교과서 논술 02
상상의 날개를 펴요 02
35쪽

내 눈으로 보는 교과서
01 이야기를 꾸며 보아요

G·U·I·D·E 그림을 보고 재미있는 내용을 상상하여 이야기를 꾸며 봅니다.

1 1번 그림– 숲 속에서 스컹크 한 마리가 멧돼지에게 쫓기게 되었습니다.
2번 그림–스컹크가 고약한 냄새가 나는 방귀를 뀌자, 멧돼지는 그만 정신을 잃고 쓰러지고 말았어요. 이 모습을 바위 뒤에 있던 고양이가 보게 되었습니다.

2 3 스컹크와 멧돼지의 모습을 본 고양이는 자기를 괴롭히는 개를 찾아가서 개를 약올렸어요.
4 화가 난 개가 벼락같이 개를 쫓아왔어요.
5 고양이는 자기도 스컹크처럼 고약한 방귀가 나온다고 생각하고 개를 향해 엉덩이를 돌려 방귀를 뀌었습니다. 그런데 방귀는 나오지 않고 조그마한 똥덩어리가 나왔어요.
6 그 모습을 본 개는 "요게 뭐야?" 하면서 비웃었어요.

열린교과서

1 웅이가 숙제를 못해서 혼이 날까봐 웅이의 숙제까지 하고 잠이 듭니다.

2 공책이 없어져서 숙제를 못해온 웅이에게 숙제가 다 되어있는 공책을 건네주어, 웅이가 기뻐한다.

02 느낌을 말해 보아요

G·U·I·D·E 나그네에게 일어난 일을 살펴보고, 나그네의 심정을 알아봅니다.

1 ① 아이고, 가여운 꿩을 어서 구해줘야지. / 저런 나쁜 구렁이가 있나? 약한 꿩을 잡아먹다니.
② 아이고, 나는 이제 죽었구나. / 살아야해, 분명히 살 방법이 있을거야.
③ 꿩아, 고맙구나. 내가 너 덕분에 살았구나. / 나 때문에 니가 죽었구나. 미안하다.

열린교과서

1 연필, 자, 지우개가 있어야 자기도 할 일이 있다는 것을 깨달았다. / 자기도 소중하지만 다른 친구들도 소중하다는 것을 깨달았다.

2 우린 너가 없어도 쓸모가 있지만, 넌 우리가 없으면 쓸모가 없어. / 있을 때 잘하지 그랬어? / 너만 소중한 게 아니야. 우리도 너처럼 소중하다구. 이제 알겠니? 친구

뛰어넘자 교과서
사진 찍기 싫어요

G·U·I·D·E 이야기를 읽고 느낀 점을 말하여 봅니다.

1 사진관에 자기 사진이 걸려있는 것이 기뻤습니다.

2 저는 사진 찍는 것을 좋아해요. 나중에 커서 보면 재미있을 것 같아서 많이 찍어요. 남는 것은 사진뿐이라고 어머니께서 많이 찍어주세요. / 사진 찍을 때 너무 즐거워요.

3 친구들에게 보여주고 싶다. / 친구들이 볼까봐 부끄럽다 / 예쁘고 멋진 사진이 자랑스럽다.

교과서 논술 plus
싫어 여왕

1 '싫어' 라고 말하니까 통쾌한 기분이 들고 자신감이 생겨서

2 외로워졌다.

week 05
영재 클리닉 01
지킬 것은 지킨다
45쪽

내 눈으로 보는 교과서
앗! 위험해요

G·U·I·D·E 학교에서 지켜야 할 규칙을 알아봅니다.

1. 그렇게 뛰어 다니면 위험해. 천천히 걸어다녀. / 맞아 화장실에서는 한 줄서기를 하는거야. / 청소도구로 장난치면 위험해. 청소 도구는 청소할 때 써야지. / 차례를 지켜야 안전할 수 있어. / 공놀이는 넓은 운동장에서 하는거야. / 복도에서는 한 줄로 서서 가면 빨리 갈 수 있어.

Step by Step
01 지각하면 떨려요

G·U·I·D·E 지각을 하면 어떤 느낌이 드는지 알아봅니다.

1. 지각을 했더니 창피하고 떨린다. / 마음이 두근두근하다.
2. 자신의 경험을 이야기한다.

02 떠들면 방해가 되요

G·U·I·D·E 수업할 때 떠들지 않아야 하는 이유를 알아봅니다.

1. 수업시간에 떠들었기 때문에
2. 수업시간에 떠들면 선생님이 수업하실 때 집중이 안 되기 때문에 / 친구들에게 방해가 되기 때문에

03 반칙하면 지는거예요

G·U·I·D·E 운동경기를 할 때 반칙을 하면 안 되는 이유를 알아봅니다.

1. 축구선수가 경기 규칙을 어기고 반칙을 했기 때문에
2. 반칙을 해서 이기는 것은 지는 것보다 더 나쁜 것이라고 말해요. / 운동을 할 때 반칙을 하면 위험하다고 말해요.

04 생활 표지판 그리기

G·U·I·D·E 생활 표지판을 자유롭게 그려봅니다.

1. 지시사항에 어울리는 표지판을 자유롭게 그려봅니다.

05 우리들이 만든 규칙

G·U·I·D·E 반에서 지켜야 할 규칙을 알아보고, 규칙을 만들어 봅니다.

1. 규칙을 잘 지키면 친구들이 모두 사이좋게 지낼 수 있을 것 같다.
2. 친구를 놀리지 않는다. / 거친 말을 사용하지 않는다. / 거짓말하지 않는다.

week 06
교과서 논술 03
이렇게 하면 좋겠어요
53 쪽

내 눈으로 보는 교과서
01 말을 할 때는 이렇게

G·U·I·D·E 말을 할 때 주의할 점을 지키면서 내 생각을 말하여 봅니다.

1 ⑴ 친구의 말을 가로채서 말하고 있다.
⑵ 말하는 사람을 바라보지 않고 딴청을 피우고 있다.
⑶ 내 생각만 옳다고 말하고 있다.
⑷ 친구의 말을 비웃었다.

열린교과서

1 알아들을 수 있게 또박또박 말해야 합니다.
2 네, 선생님이 질문을 하셨을 때 답을 잘 모르면 자신이 없어서 목소리가 작아져요. / 잘못을 저질렀을 때에는 무서워서 목소리가 작아지고 떨려서 발음도 정확하지 않아요.

02 생각을 찾아보아요

G·U·I·D·E 자기의 의견과 글쓴이의 의견이 어떻게 다른지 이야기해 봅니다.

1 글쓴이의 의견은 음식을 골고루 먹어야 한다는 것이다. 그런데 나는 먹기 싫은 음식을 억지로 먹으면 탈이 나기 때문에 좋아하는 것을 먹어야 한다고 생각한다. / 글쓴이의 의견은 음식을 골고루 먹어야 한다는 것이다. 나도 건강해지기 위해 음식을 골고루 먹어야 한다고 생각한다.

열린교과서

1 나도 내 방이 필요하다.
2 내 방이 있으면 스스로 하는 능력이 키워질 것이다. / 혼자 자는 연습을 해두면 나중에 캠프를 가도 겁나지 않을 것이다.

03 내 생각을 말해 보아요

G·U·I·D·E 생각이 드러난 부분을 찾고 자기의 생각을 말해봅니다.

1 첫째 쥐: 이사를 가자.
둘째 쥐: 한 명씩 돌아가며 망을 보자.
셋째 쥐: 고양이 목에 방울을 달자.

2 운동을 많이 한 다음 고양이에게 대결을 하자고 한다. 대결에서 이기면 다시는 쥐를 잡아가지 않겠다는 약속을 받아낸다. / 고양이 말을 배워서 고양이와 친해진다. 친해지면 쥐를 잡아가지 않을 것이다.

열린교과서

1 착하고 올바른 말을 하면 예쁜 색깔의 색종이가 나오고 나쁜 말이나 거짓말을 하면 검은 색종이가 나왔으면 좋겠다.
2 입이 점점 작아져서 거짓말을 못하게 했으면 좋겠어요.

뛰어넘자 교과서
고양이 말을 배워요

G·U·I·D·E 꼬마 쥐가 낸 의견으로 고양이와의 관계가 어떻게 될지 생각해 봅니다.

1 네, 꼬마쥐의 생각대로 말이 통하고 친해지면 쥐를 잡아먹지 않을 것 같아요./ 아니오, 말이 통해도 배가 고프면 쥐를 잡아먹을 것 같아요.
2 나 할 말이 있어요. 내가 당신이 먹을 것을 구할 수 있게 도와줄 테니 날 잡아먹지 말아줘요. / 나랑 친구해요. 내가 맛있는 게 많은 곳을 알고 있어요. 나보다 더 맛있는 것들이니까 날 잡아먹지 않아도 될거예요.

week 07
영재 클리닉 02
뚝딱뚝딱 여러 가지 도구
61쪽

내 눈으로 보는 교과서
여러 가지 도구의 쓰임

G·U·I·D·E 우리 주변에서 사용하는 여러 가지 도구를 알아봅니다.

1 (1) 빗자루와 쓰레받기
  (2) 빨래집게
  (3) 못과 망치
  (4) 컴퍼스

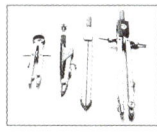

Step By Step
01 도구를 왜 쓸까요?

G·U·I·D·E 도구를 사용하면 어떤 편리함이 있는지 알아 봅니다.

1 도구를 사용하면 빠르기 때문에 / 힘이 덜 들기 때문에 / 편리하기 때문에

02 점점 편리해져요

G·U·I·D·E 도구의 발달로 생활이 얼마나 많이 편리해 졌는지 알아봅니다.

1 여자: 날 밝으면 일어나 나무로 불을 떼서 밥을 짓고 깊은 독에 담가놓은 김치를 꺼내 썰어 밥을 먹는다. 싸리로 만든 빗자루로 청소를 하고 냇가에서 빨래방망이로 두들겨 빨래를 한다. 그리고 밤이 되면 호롱불을 밝혀 놓고 바느질을 하고 잠을 잔다.
남자: 불을 땔 나무를 도끼로 베어다가 지게에 지고 내려와 집에 쌓아 놓는다. 밥 지을 물을 우물에 가서 길어 물지게에 지고 날라 물독에 부어 놓고 해가 질 때까지 농사를 짓는다.

03 무슨 도구였을까?

G·U·I·D·E 갈대의 줄기와 거위의 깃털 그리고 러닝머신이 옛날에는 어떤 도구로 사용되었는지 알아봅니다.

1 펜 / 간지럼 태우는 도구

2 죄인들 벌 주는 도구, 고문 도구

04 어디에 쓰는 도구일까요?

G·U·I·D·E 거짓말 탐지기와 캡슐내시경의 쓰임을 알아봅니다.

1 범인이 죄를 말하지 않을 때, 범죄 수사할 때

2 거짓말 탐지기를 어디에 쓰고 싶은지 자유롭게 써 봅니다.

3 병원

05 코트의 변신

G·U·I·D·E 옷을 만들거나 고칠 때 사용하는 도구들을 배워봅니다.

1 가위, 자, 바늘, 실, 골무, 재봉틀 등

06 뚝딱 아저씨의 도구 가게

G·U·I·D·E 우리 주변에서 많이 사용하는 도구들의 쓰임을 알 수 있는 자료입니다.

1 투명테이프

2 본드

3 사포

4 드라이버를 그린다.

week 08
논술 클리닉
상상은 요술쟁이
71쪽

내 눈으로 보는 교과서
01 그림 보고 상상하기

G·U·I·D·E 그림을 보고, 떠오르는 생각을 써 봅니다.

1 〈바람이 여행한 곳〉
  농부 아저씨가 일하시는 논 / 아이들이 연을 날리는 공원 / 환경 미화원 아저씨가 청소를 하시는 거리 / 돛단배가 떠다니는 바다
  〈바람이 한 일〉
  농부 아저씨의 땀을 식혀주었다. / 연이 잘 날 수 있게 해 주었다. / 환경 미화원 아저씨를 위해 낙엽을 한 곳으로 모아 두었다. / 돛단배가 잘 나가도록 바람을 힘차게 불어 주었다.

논술 에너지를 쌓아라
01 무엇을 상상할까요?

G·U·I·D·E '만약 이렇다면 어떨까?'를 상상하며 글을 써 봅니다.

1 (1) 책에 초콜릿이 발라져 있으면 손이 끈적끈적해서 읽기 싫을 것 같다. / 초콜릿 한 번 빨아먹고 책 한 장 읽으면 좋을 것 같다.

(2) 당근을 한 개 사면 한 달 동안 당근만 먹어야 할 것이다. / 너무 무거워서 시장에 갈 때 가족들이 다 같이 가야 할 것이다. / 대왕 당근을 썰어 먹으려면 대왕 칼이 필요할 것이다.
(3) 빨리 커서 멋진 오토바이를 타고 싶다는 생각 / 아빠 손이 크다는 생각

02 어떻게 되었을까요?

G·U·I·D·E 만약 세상에 동그라미가 사라진다면 어떻게 될지 상상해 봅니다.

1 바퀴가 네모 모양인 자동차를 그려 본다.
  불편한 점: 바퀴가 네모 모양이라면 자동차가 굴러가지 않을 것이다.

2 네모 모양의 공을 그려 본다.
  불편한 점: 공이 네모 모양이면 굴러가지 않아서 공을 찰 수가 없을 것이다.

3 멈마, 마빠, 먼니, 모빠
  불편한점: 사람들이 무슨 말을 하는지 알아들을 수 없을 것이다.

4 물건도 정신이 있다고 아빠가 말씀하셨다. 내가 요술양말을 구박하면 요술양말이 집을 떠날 것이다. / 싼타할아버지 선물을 받는 크리스마스 양말로만 사용을 한다. / 손에 끼우고 컴퓨터를 닦는 걸레로 사용한다. / 구두를 닦는 걸레로 사용한다.

5 지붕을 떼어낸 개집을 그린다. / 개집에 선풍기나 에어컨을 달아놓은 그림을 그린다. / 얼음으로 만든 개집을 그린다.

03 마음을 보여 주는 기계

G·U·I·D·E '마음을 보여 주는 기계'가 있다면 어떻게 사용할지 생각해 봅니다.

1 친구와 싸우고 나서 화해하고 싶을 때 마음을 보여주는 기계가 있으면 좋겠다. / 내가 좋아하는 아이에게 좋아한다고 말하고 싶은데 쑥쓰러워서 말하지 못할 때 쓰면 좋겠다.

2 자신의 생각을 자유롭게 말합니다.

04 지구본에서 우리 집은 어디 있지?

G·U·I·D·E 2002년도 세계인구가 63억 150만 명으로 기록되어 있으므로 5인 가족에 한 채씩 집이 있다면 12억 채의 집이 있는 것이다. 지구본에는 이 많은 집을 그릴 수 없어 지구본에는 주요지역만 있다는 것을 알 수 있습니다.

1 12억 채의 집

2 지구만큼 커야 한다.

05 붕어빵도 살아나는 상상

G·U·I·D·E 엉뚱한 것을 상상하고 재미있는 글을 써 볼 수 있다.

1 붕어를 어항에 넣고 길러요. / 붕어탕을 끓여 먹어요. / 붕어빵 아줌마에게 붕어를 주고 붕어빵으로 바꿔와요.

2 애벌레가 예쁜 나비가 되었어요. /애벌레가 매미가 되었어요.

06 신기한 사료

G·U·I·D·E 그림을 보고 뒷이야기를 상상해서 글을 써 봅니다.

1 다리를 잡고 빙빙 돌려 날려 버린다. / 글러브를 끼고 권투를 한다. / 개 앞에서 커다란 나무를 뽑아 보이며 개를 겁준다.

2 엄마와 아빠를 업어 드린다. / 자전거로 할머니를 태워 드린다. / 강호동 아저씨와 씨름을 해 보고 싶다.

신나는 논술
01 사료가 다 떨어졌다.

G·U·I·D·E 앞에서 본 만화의 뒷 내용을 상상하여 한 편의 글을 써 봅니다.

1 고양이는 '신기한 사료'가 다 떨어져서 다시 힘이 약해졌다. 그런데 고양이가 다시 힘이 약해졌다는 것을 모르는 개는 계속 고양이를 무서워했다. 이상하게도 힘은 약해졌지만 용기가 생긴 고양이는 힘이 센 동물들이 약한 동물을 괴롭히고 있으면 힘이 센 동물과 싸우려고 했다. 고양이가 힘이 약해졌다는 것을 모르는 힘이 센 동물들은 고양이를 피해 달아났다. 그런 어느 날 고양이가 다시 힘이 약해졌다는 것을 눈치챈 개가 고양이 꼬리를 물고 몇바퀴를 돌렸다. 그런데 너무 많이 돌아서 어지러운 개는 고양이를 놓치고 물에 빠져버렸다. 물에 빠진 개를 다른 힘이 약한 동물들과 고양이가 힘을 합쳐 구해 주었고, 개는 다시는 고양이를 괴롭히지 않았다.